Solingen

Das Forum Produktdesign und das Restaurant „Steinhaus" bringen neues Leben in den alten Solinger Bahnhof.

Udo Haafke

Solingen

Die schönsten Seiten

SUTTON

Eine Gartenterrasse in Gräfrath.

Impressum

Sutton Verlag GmbH

Hochheimer Straße 59

99094 Erfurt

www.suttonverlag.de

Copyright © Sutton Verlag, 2015

ISBN: 978-3-95400-489-8

Druck: Florjančič Tisk d.o.o. / Slowenien

Gestaltung und Herstellung: Sutton Verlag

Bildnachweis: Alle Aufnahmen stammen von Udo Haafke.

Vorsatz: Schloss Burg in winterlicher Pracht. Die Burganlage befindet sich nicht in ihrem ursprünglichen Zustand, sondern basiert auf einer frei interpretierten Überlieferung aus dem Mittelalter.

Nachsatz: Gräfrather Giebel.

Inhaltsverzeichnis

Eine kleine Stadtgeschichte

„Solingen macht scharf" – der Slogan der Stadt steht als geschützte Marke für die hohe Qualität exzellenter Schneidwaren, Messer und Klingen aus garantiert deutscher Produktion. Die Herkunftsbezeichnung Made in Germany hat in Solingen noch nichts von ihrer klangvollen Bedeutung einbüßen müssen, genießt im Gegenteil weltweites, viel beachtetes Renommee. Entsprechend führt Solingen seit 2012 auch offiziell den Titel „Klingenstadt" und im Stadtbild sind Messer, Gabeln und Scheren in großer skulpturaler und symbolhafter Vielfalt zu entdecken. Dies schließt natürlich die traditionsreichen Handwerke der Scherenschleiferei und Schmiedekunst mit ein.

Ein Jahr nachdem Wilhelm der Eroberer 1066 in der legendären Schlacht bei Hastings – noch ohne bewährte Solinger Klingen – den Beginn des Mittelalters in England eingeläutet hatte, wurde Solingen erstmals urkundlich erwähnt. Besiedelt war die waldreiche Region westlich des Wuppertals aber vermutlich schon einige Jahrhunderte früher. Historiker forschen fieberhaft nach dem Ursprung des Stadtnamens, der möglicherweise auf eine damalige Bezeichnung für aufgeweichte Erde zurückgeht.

Die in der Region machthabenden Grafen von Berg, nach denen später das Bergische Land benannt wurde, wählten zu Beginn des 12. Jahrhunderts eine Anhöhe oberhalb der Wupper zur Errichtung ihres Stammsitzes Schloss Burg, nachdem sie ihr vorheriges Domizil in Altenberg zugunsten einer Klostergründung aufgegeben hatten. Nur wenig später tauchten die ersten hier hergestellten Schneidewerkzeuge auf. Die dafür notwendige Holzkohle gewann man aus dem Holz der dichten Laubwälder der Umgebung. Zudem begünstigten viele kleine Bachläufe die Ansiedlung von Kotten mit geeigneter Energieversorgung durch Wasserkraft.

Aufblühender Handel, den die Grafen von Berg forcierten, sorgte in Solingen für den Zuzug von Schmieden und metallverarbeitenden Handwerkern aus dem Alpenraum. Deren Fleiß und handwerkliches Geschick im Umgang mit Erz und Kohle, die zur Verarbeitung zunächst aus dem Siegerland, später überwiegend aus dem Ruhrgebiet kamen, gaben schließlich den Ausschlag für eine Klingenherstellung, die alsbald weltberühmt war.

Seit 1374 besitzt Solingen Stadtrechte, allerdings wurde die Stadt in der Folgezeit gleich mehrfach von teils verheerenden Feuersbrünsten heimgesucht. 1571 bekamen die Produkte aus Solinger Fertigung erstmalig einen Qualitätsstempel aufgedruckt. Mit dem lateinischen Text „Me Fecit Solingen" (Ich wurde in Solingen gemacht) wurde ein Gütesiegel eingraviert, das seine eindeutige Herkunft und hohe Wertigkeit garantierte und sogleich wirtschaftliche Begehrlichkeiten weckte. 1809, als die Franzosen für wenige Jahre das herrschaftliche Zepter schwangen, erschien mit dem „Verkündiger" die erste Zeitung Solingens, aus der später das „Solinger Tageblatt" werden sollte.

Die Industrialisierung Solingens setzte zu Beginn des 19. Jahrhunderts ein. Man experimentierte mit neuen Stahllegierungen, begründete Fabriken entlang der Wupper und zahllosen Bachläufen. Die Nachbargemeinden Gräfrath, Dorp, Burg, Höhscheid, Merscheid und Wald erhielten 1856 durch den preußischen Staat Stadtrechte und wurden 1929 durch kommunale Neugliederung zur gemeinsamen Stadt Solingen zusammengeführt. Die Gemeinden Burg und Höhrath, die dem Rhein-Wupper-Kreis zugehörig waren, kamen erst 1975 zum Stadtgebiet hinzu.

Heute zählt Solingen knapp 160.000 Einwohner und besitzt neben einem lebendigen, modernen Stadtzentrum auch zahlreiche romantische Plätze in einem unverfälschten bergischen Idyll.

Städtepartnerschaften bestehen mit dem polnischen Zlotoryja, dem holländischen Gouda, dem französischen Chalon-sur-Saône, dem britischen Blyth, Ness Ziona in Israel und dem sächsischen Aue, außerdem werden freundschaftliche Beziehungen zu Jinotega in Nicaragua und Thiès im Senegal gepflegt.

Ein typisches Schiefer-Wandrelief in der Friedrichsaue.

Schloss Grünewald an der Ortsgrenze zwischen Gräfrath und Wuppertal-Vohwinkel wird im 16. Jahrhundert erstmals als Gutshof erwähnt. Zum Anwesen gehört ein weitläufiger Landschaftspark nach englischem Vorbild, der zu entspannenden Spaziergängen einlädt und während des Jahres für unterschiedliche Veranstaltungen genutzt wird. So auch für das viertägige Parkfest „GartenLeben" im Mai oder den Weihnachtsmarkt am dritten und vierten Adventswochenende.

Im Advent zaubert der Weihnachtsmarkt eine besinnliche Atmosphäre in den Park von Schloss Grüne-wald.

Vorweihnachtliche Impressionen aus der Gräfrather Altstadt.

Am ersten Wochenende im September verwandelt der Gräfrather Lichterzauber das Ortszentrum in ein illuminiertes Meer. Auf dem Marktplatz sind lange Tafeln für Speis und Trank aufgestellt, die Geschäfte sind hell erleuchtet, Kerzen und Lichterketten zieren die Fenster. Gaukler, Musiker und Chöre sorgen für Unterhaltung und Kurzweil bei diesem großen Familienfest.

Der Marktplatz mit dem historischen Brunnen ist in seinem Aussehen seit dem 18. Jahrhundert fast gänzlich unverändert erhalten. 72 Stufen führen von hier aus hinauf auf den Klosterberg mit Kirche und alter Abtei.

Das ehemalige Kloster beherbergt das Deutsche Klingenmuseum mit seinen imposanten Ausstellungen, umfangreichen Sammlungen an Schneidwaren, Waffen und Bestecken aus vielen Jahrhunderten und unterschiedlichen Kulturkreisen. Außerdem ist hier das Gräfrath-Museum mit heimatkundlichen Objekten und dem Gräfrather Kirchenschatz untergebracht.

Gräfrather Wetterfahnen.

Das Rathaus der ehemals selbstständigen Stadt Gräfrath wurde 1908 eingeweiht und dient seit 1996 als Kunstmuseum. Die Kunstsammlung der Stadt Solingen umfasst gut 10.000 Werke.

Der alte Wasserturm am Gräfrather Tierpark wird mehrmals im Jahr illuminiert.

Ehrenmal im Stadtwald.

Die hügelige Landschaft am linken Ufer der Wupper zeigt alpinen Charakter.

Wald

Kunst im Botanischen Garten.

Im Botanischen Garten am Frankfurter Damm.

Stausee im Ittertal.

Fachwerkidyll in der Obenitterstraße.

Der historische Spiel- und Freizeitpark im Ittertal versprüht noch den nostalgischen Charme vergangener Zeiten, ohne Hektik und technischen Firlefanz. Ein klassisches, auch an Märchen orientiertes Spielerlebnis für die ganze Familie.

Im Park von Schloss Caspersbroich, das einst ▶ als Kulisse für den Märchenfilm „Der gestiefelte Kater" diente.

Fachwerkhof in der Dültgenstaler Straße.

Die Scheider Mühle.

Moderne Schmiedekunst an
der Brucknerstraße im Loch-
bachtal. ▶

In der Dültgenstaler Straße.

Das bronzene Schleiferdenkmal am Walder Kirchplatz schuf Henryk Dywan 1987 als sinnbildliche Erinnerung an das traditionsreiche und für die Stadt so bedeutsame Handwerk des Messerschleifens.

Schwibbogen aus dem Erzgebirge am Walder Kirchplatz.

Die Stresemannstraße mit Blick auf die evangelische Kirche.

Den beliebten Helden aus der Stummfilmzeit und den schwarz-
weißen Jahren Hollywoods widmet sich das Laurel-&-Hardy-Museum
an der Locher Straße.

Fachwerk oberhalb des Lochbachtals. ▶

Ohligs – Merscheid – Aufderhöhe

Das Wasserschloss Hackhausen.

Ein idyllischer Park und ein Wassergraben umgeben die alte Ritterburg Hackhausen am Rande des Naturschutzgebietes Ohligser Heide. Ihre Ursprünge gehen etwa auf das Jahr 1260 zurück. Nach einem Brand wurde das Gebäude erst 1907 weitestgehend nach überlieferten Plänen wiederaufgebaut. Es ist für die Öffentlichkeit nicht zugänglich, kann aber für Hochzeiten gebucht werden. Im Park stehen die ältesten Bäume Solingens.

Wächter der Blende.

Rund um den Engelsberger Hof gleicht die Ohligser Heide einer Parklandschaft mit schattenspendendem Baumbestand.

45

Die Becher Mühle im Tal des Lochbachs.

An der schmalen Becher Straße konnte der typisch bergische Siedlungs-charakter bewahrt werden.

Die Gesenkschmiede Hendrichs des LVR-Museums in Solingen-Merscheid dokumentiert anschaulich die einstige Bedeutung der „Werkstatt für die Welt" und veranstaltet einführende Workshops in die Schmiedekunst.

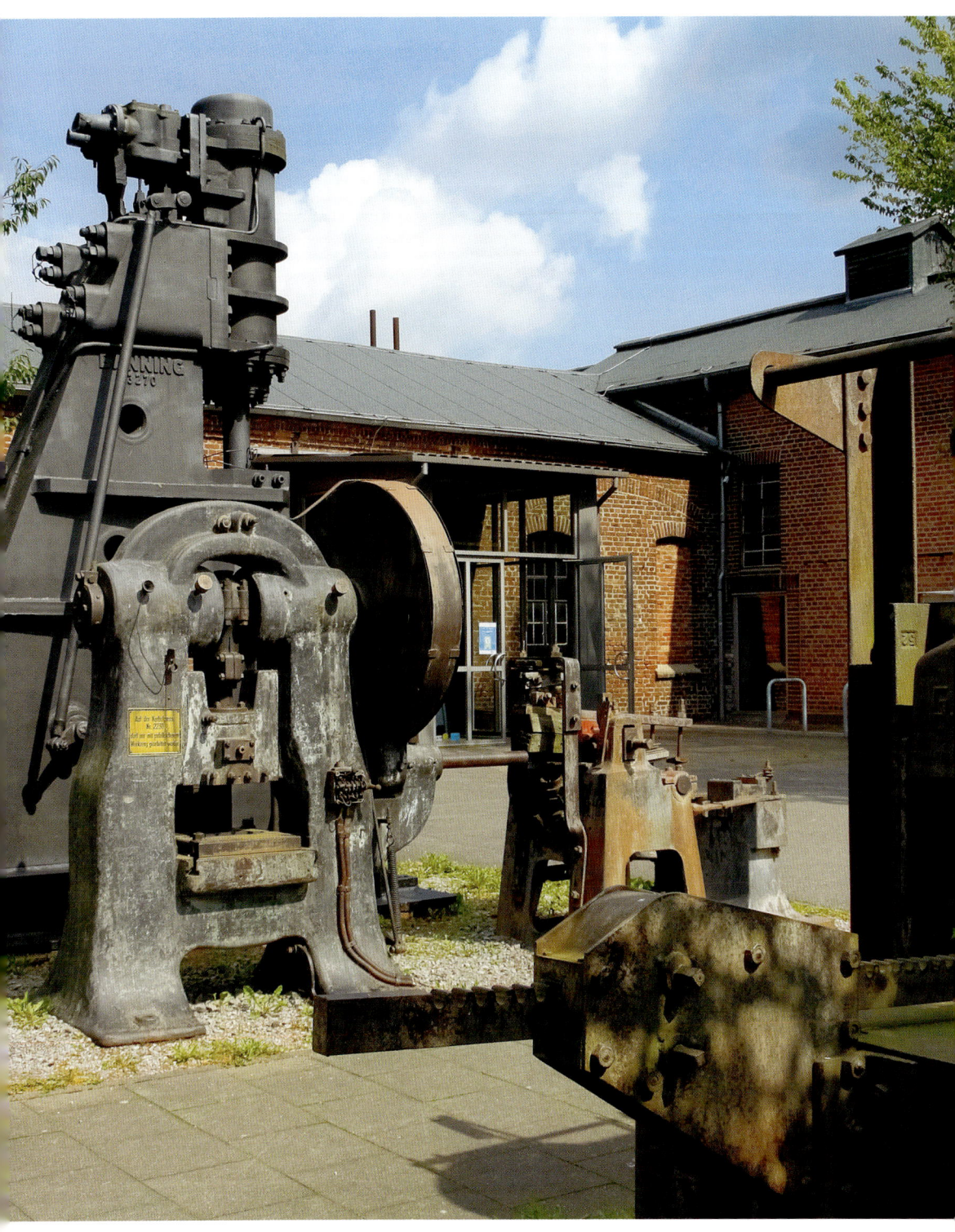

Dörfliches Ambiente in Merscheid.

Der „Lusterpitter" an der Düsseldorfer Straße.

„Lovers", die Doppelskulptur des Portugiesen José de Guimarães, steht seit 2009 im neu gestalteten Park vor dem Rathauspalais. ▸

Filigraner Jugendstildekor an der Parkstraße.

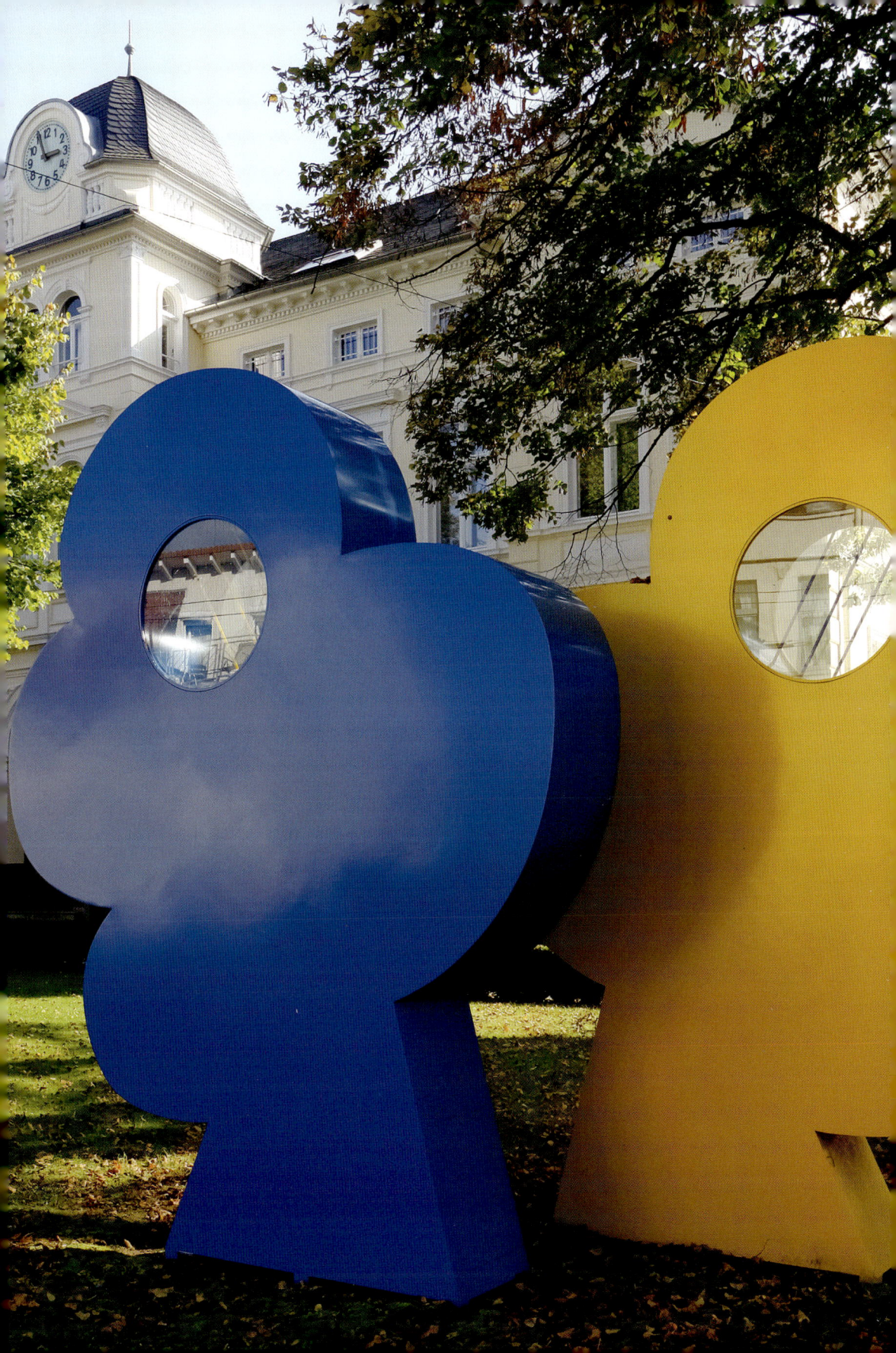

Das klassizistische Ensemble aus ehemaligem Rathaus, Bürgerhaus und Amtsgericht erstrahlt nach aufwendiger Restaurierung im Jahr 2009 wieder in ehrwürdigem Glanz.

Repräsentative Bürgerhausgiebel und -details sowie die Rückseite des alten Rathauses.

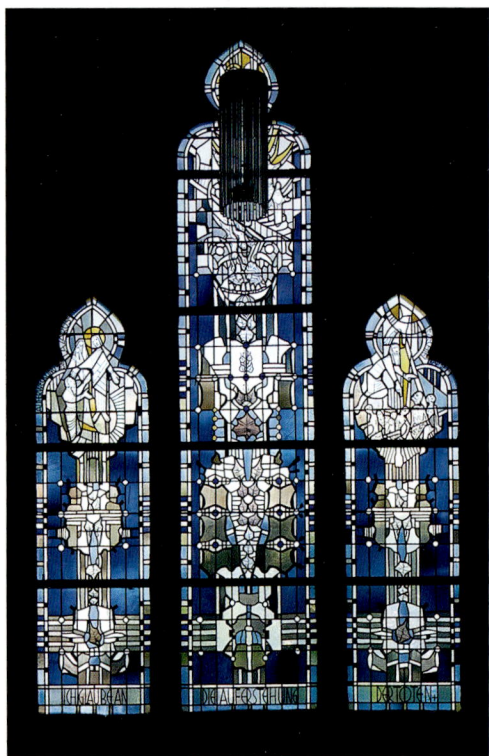

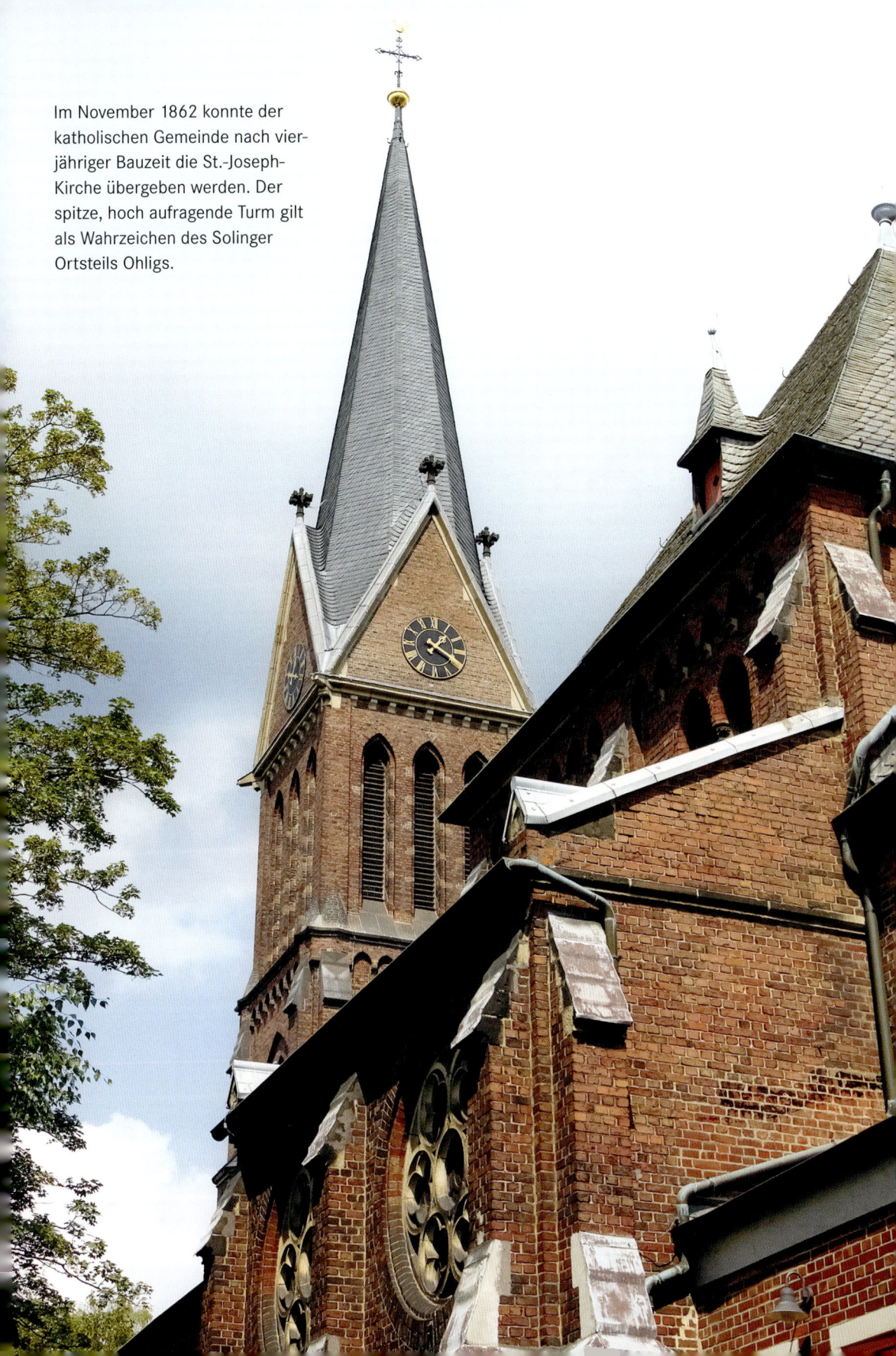

Im November 1862 konnte der katholischen Gemeinde nach vierjähriger Bauzeit die St.-Joseph-Kirche übergeben werden. Der spitze, hoch aufragende Turm gilt als Wahrzeichen des Solinger Ortsteils Ohligs.

Seit 1975 ist die Düsseldorfer Straße eine belebte Fußgängerzone, in der nicht nur Einkäufe erledigt werden, sondern die auch vielfältig als Kommunikations- und Begegnungsstätte genutzt wird. Außengastronomie lädt variationsreich zum Verweilen ein.

Bürgerhäuser an der Düsseldorfer Straße.

Wer das Bahnhofsgebäude in Ohligs verlässt, weiß sofort, in welcher Stadt er aus dem Zug gestiegen ist.

Schnörkellos und geradlinig präsentiert sich das Bahnhofsgebäude. Am Marktplatz wirbt eine ikonische Uhr mit nostalgischen Reklametafeln.

Auf dem Bergrücken zwischen dem Nacker und Pilghauser Bach liegt das Straßendorf Katternberg, das weite Ausblicke und viel Platz für Kreativität bietet.

Mitte

Das Neue Rathaus mit Steinstelen
von Ulrich Rückriem.

Solingen pflegt noch immer die Tradition des Oberleitungsbusverkehrs, der den Sprung ins 21. Jahrhundert problemlos geschafft hat. Der Busbahnhof am Graf-Wilhelm-Platz bekam dafür ein futuristisches Design.

Ein von der Solinger Künstlerin Liese Ketterer geschaffener Dukatenesel steht passenderweise vor einem großen Geldinstitut am Dreieck.

Wasserspiele am Einkaufszentrum Graf-Wilhelm-Platz.

Denkmal des „Neuen Klingenschmieds" von Henryk Dywan auf dem Alten Marktplatz.

Stuck am Birkenweiher.

Moderne Fassaden am Neumarkt.

Vom Busbahnhof aus führt der Weg in die auto-
freie, innerstädtische Einkaufszone.

Rolltreppen zum Hofgartencenter am Neumarkt.

Einkaufspassage am Mühlenplatz.

Eine moderne Brunnenanlage und
Straßencafés am Neumarkt.

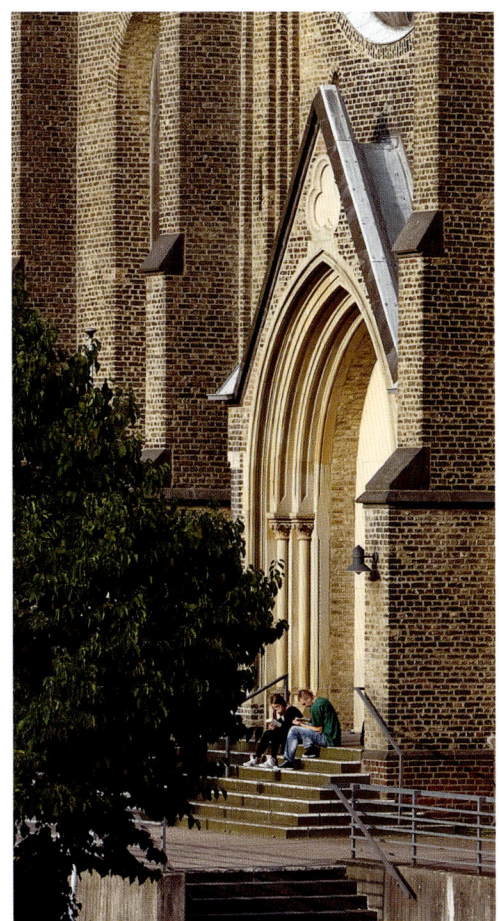

Portal der St.-Clemens-Kirche.

Besonders in den Sommermonaten präsentiert sich der Mühlenhof als lebendiger Treffpunkt der Solinger und beherbergt die unterschiedlichsten Veranstaltungen.

Kinderspiel in der Hauptstraße.

Die Dorper Kirche von 1913 ist ein Werk strenger
Jugendstilarchitektur.

Die evangelische Stadtkirche am Fronhof.

Die Lutherkirche an der Kölner Straße.

Die stilisierten Zwillingsfiguren gelten weltweit als Synonym für Solinger Qualität.

Fassade des denkmalgeschützten Hallenschwimmbades Birkerbad, das 1903 erbaut wurde.

Wo einst die Güterwagen der Eisenbahn heranrumpelten und Waren zum Transport verladen wurden, bieten die Güterhallen und das alte Gleisbett nun reichlich Platz für Kreative, Künstler und zur Freizeitgestaltung.

Das Museum Plagiarius am Südpark beleuchtet seit 2007 Qualitätsprodukte und deren unverfrorene Kopien und Plagiate.

Die Bahnhofshalle und Bahnsteige des alten Bahnhofes sind nun begehrte Veranstaltungsorte.

Das Restaurant „Steinhaus" haucht dem alten Bahnhof mit seiner ikonischen, gläsernen Halle neues Leben ein.

Seit 2007 steht die von Stephan Häger geschaffene Ausgabe 102 der „Solinger Scherenparade" vor dem Theater und Konzerthaus an der Konrad-Adenauer-Straße.

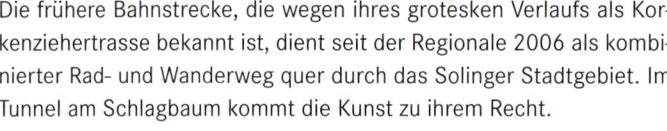

Die frühere Bahnstrecke, die wegen ihres grotesken Verlaufs als Korkenziehertrasse bekannt ist, dient seit der Regionale 2006 als kombinierter Rad- und Wanderweg quer durch das Solinger Stadtgebiet. Im Tunnel am Schlagbaum kommt die Kunst zu ihrem Recht.

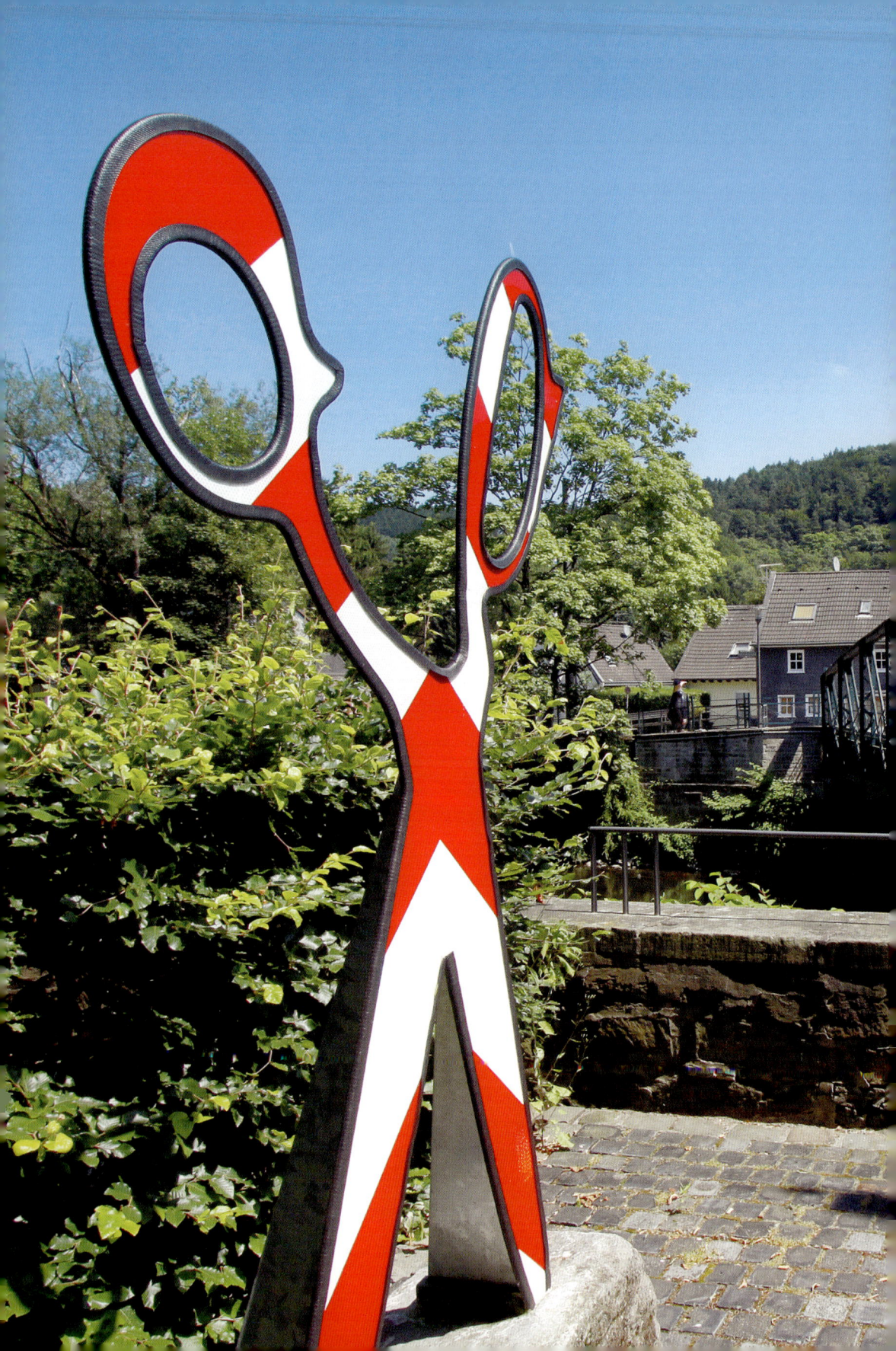

Die Kohlfurther Brücke über die Wupper wurde 2010 umfangreich restauriert. Sie verbindet Solingen mit Wuppertal-Elberfeld. Bis 1969 verkehrte hier die Straßenbahn, die auf Wuppertaler Seite gleich gegenüber im alten Bahnbetriebshof ein Museum bekam.

Die Müngstener Brücke, die 1897 fertiggestellt wurde und bis 1918 nach Kaiser Wilhelm benannt war, ist noch immer die höchste Eisenbahnbrücke Deutschlands. Der 107 Meter hohe Brückenbogen verbindet über der sanft plätschernden Wupper die Städte Solingen und Remscheid. Am Fuße der Brücke wurde ein Freizeitpark errichtet.

Haus Kirschheide liegt verträumt in einem kleinen Park an der Neuenhofer Straße. Die Kaufmannsvilla wurde 1785 errichtet, war zwischen 1815 und 1830 Sitz des preußischen Landrates und ist seit 1993 das malerische Standesamt der Stadt Solingen.

Der Wipperkotten ist der letzte noch im Original-
zustand verbliebene Schleifkotten im Solinger
Stadtgebiet. Noch heute ist er aufgrund einer
engen Kooperation eines Fördervereins mit dem
LVR-Industriemuseum aktiv und kann vornehmlich
an Wochenenden besichtigt werden. Ausgestellt
sind zudem Dokumente über die Historie des
Gebäudes sowie zum Schleiferhandwerk.

Ein Mechanikraum, Schleifstuben und eine Pliesststube sind Bestandteile des sehenswerten Muse-
umsbereiches im Balkhauser Kotten, vor dem sich gemächlich das unterschlächtige Wasserrad zum
Antrieb der Mechanik dreht.

◀ Im Balkhauser Kotten, dessen Ursprünge bis in das 16. Jahrhundert zurückreichen, befindet sich seit
1962 ein Schleifermuseum. Bis Mitte der 1980er-Jahre verrichteten hier Schleifer noch ihr Werk.

Burg Hohenscheid thront wahrhaft majestätisch über einer langgezogenen Schwingung der Wupper. Ursprünglich stammt das heute privat genutzte Anwesen aus dem 13. Jahrhundert und blickt mit mehreren „Auferstehungen" auf eine höchst wechselvolle Geschichte zurück.

Idyllisch und verträumt liegen die Weiler Obenrüden und Untenrüden in einer waldreichen Wupperschleife.

Fachwerk in Obenrüden.

Die Blaumühle und der Obenrüdener Kotten repräsentieren ländlich bergische Romantik im Solinger Süden.

Unterhalb von Schloss Burg liegt das Dorf Unterburg links und rechts der Wupper. Charakteristisch bergische Bauweise konkurriert hier mit dem einzigartigen Wendeteller der O-Bus-Linie. Der Kiepenkerl, der in früheren Zeiten die Burger Brezeln – besonders haltbare, typische Backwaren – lieferte, weist seit 1990 den Weg zum beschwerlichen Aufstieg über die Schlossbergstraße zum Schloss Burg.

Die Anlage von Schloss Burg, dem ehemaligen Stammsitz der Grafen von Berg, den Namensgebern für die gesamte Region, dominiert den Charakter des Dorfes Oberburg.

Vom Bergfried des Schlosses aus bietet sich ein wunderbarer Überblick über die Burganlage mit der St.-Martinus-Kirche und dem waldreichen Tal der Wupper.

◀ Seit vielen Jahren gehören die Ritterspiele zum festen Veranstaltungsprogramm auf Schloss Burg. Aufgeführt unter großem Publikumszuspruch werden hier Teile der Lebensgeschichte des Grafen Adolf V. von Berg.

Engelbert II. Graf von Berg wacht seit 1929 vor den Toren des Burginneren hoch zu Ross. Er hat als der heilige Engelbert einen festen Platz in der rheinischen Geschichtsschreibung inne.

Die bergische Landschaft mit ihren Kurven und Serpentinen ist bei Reitern von Motorrössern sehr beliebt.

Dies ist kein Skilift, sondern die erste Personenseilbahn in Nordrhein-Westfalen. 1952 eingeweiht, bringt sie Ausflügler, die den Aufstieg zur Burg scheuen, bequem von Unterburg nach Oberburg und wieder zurück.

◀ Winterromantik am Pützberg.

Winterliches Untenrüden.

Weihnachtszeit auf der Höhe
von Hintenmeiswinkel.

Mühlen, Kotten und Hämmer in Solingen

Axel Birkenbeul

19,99 €

978-3-95400-467-6

Das Bergische Land. Die schönsten Seiten

Udo Haafke und Alexander Richter

14,99 € | 978-3-95400-341-9